JN440288

날마다 돌아보는 기적

고정애 시집

문학의전당 시인선
0316

날마다 돌아보는 기적

고정애 시집

문학의전당

시인의 말

당랑거철(螳螂拒轍),

짧고 부족한 대로 용기를 내어 네 번째 시집을 묶는다.

태평양전쟁, 한국전쟁, 월남전을 몸소 겪으며
용케 살아남은 세대들도 이제 얼마 남지 않았다.

그리운 그분들을 떠올리고 기리면서
아낌없는 은덕 또한 가슴 깊이 새긴다.

2020년 1월
고정애

차례

제2부

제3부

제4부

제1부

날마다 기적

3초 2초 1초
곧장 레이스로 나아간다

총 길이 약 9만 킬로미터
달까지 거리의 4분의 1 거리를
1분에 세 번, 서로가 뒤질세라
굽이굽이 빈틈없이 내달리는

핏줄 속 피톨이다

살고 있는 한
하루 4320회, 연 157만 6800회
우주여행 순환선을 끊임없이
빙글빙글 돌아야 하는
붉은피톨 흰피톨

날마다 기적이다

비결

시간은 고무줄

기다릴 때는 완행
바쁠 때는 초고속 진공열차

어릴 적에야
살바도르 달리의 탁자에 걸쳐진
회중시계처럼 늘어졌었지

이젠 시위 떠난 화살처럼
급물살 탄 세월!
붙들어 맬 순 없을까
궁리하는 사람들아

동화 속
순진무구한 아이가 될 일이다
마츠모토 레이지의
은하철도 999 기차에 탑승

신기한 우주의 탐험 꿈꾸는
어린아이가 되는 것이다

등대

아메리카 인디언 아기에게는
웃음 대부모(代父母)가 있다고 하지

갓난아기를 웃게 해주고
그 아기가 평생토록 웃음을 잃지 않고
살 수 있게 하는 역할 맡는다 하지

황량하고 어두침침한 세상
연분홍 복사꽃 빛줄기로
환하게 물들여 준다고 하지

촉수 돋우어
따뜻한 눈빛으로 지긋이 굽어보며
환히 불 밝혀 길잡이가 되어주는
믿음직한 어른이 산다고 하지

발본색원(拔本塞源)

루벤스의 그림
〈유아 대학살〉을 본다

여기저기 흩어져 널브러진 아기들
새파란 낯빛으로 울부짖는 어미들

기원전 4세기 유태의 왕 헤롯의 유아 대학살을
정밀 묘사한 지옥도,
옛 왕조시대 삼족을 멸했던 참상을 떠올리다가

질경이, 망초, 달맞이꽃, 바랭이, 강아지풀, 여뀌, 냉이
모조리 잡초라는 죄목을 씌워 여지없이
호미로 꼬챙이로 뿌리까지 뽑아내는
손을 본다

해결사

그 옛날 나라님은
전립 쓰고 곤봉을 든 포졸을 두었고요

광활한 미 서부 개척 시에는
하이 눈의 게리 쿠퍼처럼
가슴에 번쩍이는 별 모양 배지 달고
허리에 권총을 찬 보안관이
고을에서 죄지어 민폐를 끼친 자들
죄다 잡아들여 하옥시켰지요

습도 88%, 매우 습한 이 장마에
기척 없이 스며드는 습기 악취 곰팡이 벌레
제로가 될 때까지 빌붙지 못하게
모조리 훑고 찾아내어 가둬 달라고
나도 옷장 신발장에 흡습제를 놓지요

시대의 유물

풀 먹여 발다듬이 한
양단 모번단과 새하얀 명주,
다듬잇돌에 두툼히 겹쳐놓고
두드리고 또 두드렸다

홍두깨에 감아올려
반들반들 무지갯빛 윤이 나도록
시어머니 방망이 가락에 맞춰
졸린 눈을 치떠가며
자정이 지나도록
카랑코롱 카랑코롱
맑은 소리 달 밝은 밤하늘에 퍼져나갔다

고달픈 시집살이
박달나무 방망이 한 쌍과
다듬잇돌, 홍두깨를 갖고 있다

심장의 힘

물오리가 거센 물결에
우아한 자태로 떠 있는 것은
수면 아래 물갈퀴가
힘껏 물을 젓고 있기 때문

내가 살아 움직일 수 있는 것은
몸의 베이스캠프에서
불철주야 박동으로
긍정(肯定) 메시지를 송신하기 때문

쿵 쾅 쿵 쾅
활화산의 들끓는 마그마로
심장이 맥을 촉진하고 있기 때문

겁도 없이

양팔을 벌린다
심호흡 세 번
하나 둘 셋,
아스라이 높은 점프대에서 뛰어내린다

급속 하강,

새파랗게 넘실대는 파도가 삼키려는 찰나

기나긴 번지코드 맨 끝에 거꾸로 매달린 채
아슬아슬 공중에 대롱거리는
번지점퍼

엄마 자궁 탯줄에 매달린 채
첫울음 터뜨리는
갓난아기

방편(方便)

그곳에선 교사가 학생을 찾아다닌다
너비가 자신의 키쯤 되는 칠판*을 등에 메고
정처 없이 뚜벅뚜벅 걸어서 간다

아무 데나 아이들을 만난 곳
그 앞에 칠판을 내려 세워놓으면
그 자리가 곧 학교가 된다

폭격이 잇따르는 싸움터
사방에서 총탄이 날아드는 국경지대에서
그 칠판은
위험을 막아내는 방패가 되고
사고 당한 아이들의 부목이 된다

결혼 예물이자 예식장이 되었다가
이혼의 위자료로까지 쓰인다

---

* 이란 영화 제목. 칸 국제영화제 심사위원 대상 수상 작품.

기록(記錄)

해양탐사 전문가인 로버트 밸러드 박사는, 백 번 이상의 심해탐사에 참여했다. 지중해에서 로마 범선을 발견했고, 대서양에서는 독일의 비스마르크 전함도 찾아냈다. 초호화 유람선 타이타닉호의 발견은 세계적인 명사로 그 이름을 드높였다. 미 항모 요크타운을 태평양의 5,075미터 심해에서 찾아냈을 때, 비스마르크호 4,572미터란 기록을 경신했다. 원래 기록이란 깨기 위해 있는 글자. 잠수 수영 등산 달리기 높이뛰기 …… 누가 언제 어디서 그 기록을 깨트리는가, 사람들은 끊임없이 이목을 집중시키고, 경신에 목숨을 걸기도 한다.

오대산의 전설

머리 양쪽에 틀어 올린 두발과
복스러운 턱, 천진스런 눈매에 귀여운 볼
자비로운 모습을 돌에 새기다

세조(世祖)께서 석수에게 일러
동자승의 모습을 현신시키다

월정사를 참배하고
상원사로 향하는 길 계곡에서
"대왕께서도 문수보살을 보았다는
말씀을 하시면 아니 됩니다"

바람처럼 어디론가 사라지기 전
생긋 웃으며 일렀는데
대왕께서는 오대산 상원사에
친견했던 문수보살의 화신
문수동자상을 새겨 안치 보존시키다

월정사 일박,

상원사로 향하는 새벽길

벽옥 계곡물에 언뜻 문수동자가 어른거리다

게발선인장

한 뿌리 두 뿌리
새끼에 또 새끼를 거느려
부피가 늘어난 게발선인장

분(盆)이 곧 쪼개지겠다
폭발하겠다

그동안
그냥 살아오지 않았노라
실적을 보여주는
게발선인장

바위그림

아프리카 북부 황량한 사막
모래밭과 바위 틈새에는
바위그림들이 있다
코끼리 하마 악어 물소
갖가지 물고기들 새겨져 있다

지금은 비록
모래바람 휘몰아쳐 눈멀게 하고
아무도 살 수 없는 불모의 열사지만
아득히 먼 그 옛날 한때
푸른 초목 우거져
생명력이 넘쳤던 사하라 사막

경로당 양지에서 졸고 있는
주름진 노인에게도
싱그럽게 파릇파릇
생명력이 넘치던 시절이 있다

세뇌(洗腦)

귀에 쟁쟁하다
상기도 또렷이 들리는 노랫말

"붉은 피 끓는 예과연습생
일곱 개 단추에는 벚꽃과 닻 무늬
오늘도 날아오른다 카스미가우라에선
커다란 희망의 구름 솟는다"

살아서 돌아올 확률 제로인
출격을 할 수밖에 없었던
스무 살 안팎 홍안(紅顔)의 청년들
가미카제 특공대가
발걸음을 맞추던 행진 노랫말이다

손톱만큼도 청년 스스로가 끼어들 틈새는 없다
새하얗게 탈색된 머릿속 뇌수에
정교한 마이크로칩 살그머니 삽입하는,
인간어뢰 인간폭탄 자살테러 부추기는 노랫말이다

기나긴 세월 훌쩍 뛰어 건넌 오늘까지
입가에 빙빙 맴돌게 하는
일제(日帝) 군부(軍部)의 끈질긴 세뇌가
오늘도 이어지고 있다

병상 일기

경마장 레이스에서 전력 질주하다
갑자기 발이 꼬여 쓰러지는 경주마처럼

2018년 5월 14일
아차! 일순에 발을 헛딛고
63킬로그램 체중이 오른쪽으로 쓰러지며 부딪다

구급차로 입원,
오른 손목 골절, 치골에 금
진단서에 전치 7주라고 적혀 있다

눕다가 앉다가
보행보조기에 매달려 살아야 하는
인내와 고통을
비로소 알게 되다

미느웨이에서

1942년 6월 5일
남태평양 과달카날 근해에서
일본과 연합군은 격전(激戰) 중이었다

상공에서의 치열한 공방 끝에
간신히 살아남은 만신창이(滿身瘡痍) 전투기들
돌아와 보니 모함(母艦)이 보이지 않았다

잘 싸워 무사히 돌아오라
손 흔들어 격려하며 날려 보내던
위풍당당 믿음직스런 항공모함이 사라져버렸다

졸지에 고아 된 전투기들
내려앉을 곳이라곤
남태평양 짙푸른 바다였을 뿐이었다

칼

칼 한 자루 선물 받았네

끝이 뾰족하고 시퍼렇게 날이 선 칼
살짝 스치기만 해도 베일 것이네
쓰고 나서 얼른 가두어두네

석기시대부터 유용하게 쓰여 왔네
호신용 은장도로
구약성서에선
유디트가 적장의 목을 쳤던 칼

쓰임에 따라 이기와 흉기
양날을 갖추고 있는……

제2부

일사불란

중미 파나마 열대림에서
나무 잎사귀를 마름질한다

이와 턱 사이 날로
동그스름 크기와 모양이
판에 박은 듯 가지런히
마름질한 자재를 나르는 잎꾼개미

날이 다 닳도록
일사불란(一絲不亂)
주어진 일에 몸을 바친다

그곳에는 사(私)가 끼어들 자리가 없다

아킬레스건

얼룩말을 쫓는다 소떼를 쫓는다
케냐 남서부 마사이마라 평원에서
사냥을 거듭하는 맹수

전력질주 쫓고 덤비다가
사나운 말 발길질에 걷어차이고
날카롭고 우람한 소뿔에 받혀가며
먹이를 쫓아 목숨을 건다

귀신 중에도
가장 처량하고 가엾은 귀신은 걸신

평균수명은 고작 10년
걸신들린 포식자
사자가 있다

제 목숨 다 하도록

수직으로 수평으로
직선과 원, 타원과 물결 포물선
공간이 사뭇 좁다는 듯

난데없이 어디선가
까만 점으로 홀연 나타나
날갯죽지 불붙도록
눈이 핑핑 어지럽도록

영하의 한겨울에 파리가 날고 있다
주저앉은 나에게 이 보라는 듯

손자병법

엘크가 뛴다
바짝 뒤쫓는 두 늑대

옐로우스톤 국립공원 드넓은 들판
군데군데 물웅덩이
물보라 자욱이 일으키며 일직선으로
목숨 걸고 내닫는 그들

덤불 속에서
새까만 눈망울 또랑또랑 굴리며
목을 빼고 어미를 기다리는 새끼

그들에게서 멀리 더 멀리
추격을 따돌리는 어미 엘크

집념

중미 코스타리카 우림지역에서
아스라이 곧추선 브로메리아나무를
엄지손가락 크기 알록달록 아름다운 무늬의
딸기독화살개구리가
한 발 한 발 기어오른다

던월*을 올라가는
토미 칼드웰**보다 더
아슬아슬 수직등반 곡예를 하고 있다

무릉도원
정수리의 아늑한 웅덩이에
이르기까지

---

* 세계적인 암벽 등반 성지.
** 미국의 암벽 등반가.

정조준

한순간에 먹이를 빼앗는다

설원에서 쏜살처럼 뛰어가는
코요테의 먹이를 낚아챈다

눈에 보이는 건 오직 먹이뿐
임자가 따로 있을 수 없다

공중에서 커다란 날개를 퍼덕이며
황황한 시력으로 살피다가
기척 없이 날아와 갈고리 발톱으로
확!
낚아채고 유유히 날아가는
아메리카 서북부 옐로우스톤의
요격미사일 독수리

뛰는 자,
나는 자를 당할 수 없다

혈혈단신

부드러운 촉감
가벼운 무게
단단한 구조
아름다운 디자인
더위 추위 숙적에서 막아주기
안성맞춤인 달팽이집

꽁무니로 로프 솔솔 풀어
나무 위에 올려놓는 작업을 한다

집을 찾아
꽁꽁 싸매 묶고
들어 옮기기까지
불화살 뙤약볕에 온종일
맨손 맨몸으로 천신만고 끝에
고단한 몸 누이는 거미

혼자서도 잘 산다

숙적

유리벽에 몸을 부딪고 있다

길이 35센티,
무게 0.2킬로그램의 맹금
수명 약 10년인 황조롱이

자신들의 영토에
특수유리 갑옷 입고
우후죽순 솟는 마천루
투명 절벽에 부딪고 있다

비명횡사하고 있다

회유법(懷柔法)

바늘도 비집고 들어갈 틈새 없이
입을 앙다물고 있는 바지락

문을 쾅 닫고 들어가
기척이 없는 아이

소금물에 담가 검정 보자기 씌워
푹 재워놓듯
모르는 척 그냥 내버려둔다

얼마 뒤 슬그머니
중무장을 스스로 풀고 나온다

범고래 쇼

하얀 배를 보이며 몸을 뒤집는다
등에 태워 나아가다 주둥이에 똑바로 세운 채
하늘 높이 솟구쳐 오르기도 해

고난도일수록
관객의 탄성과 환호,
열렬한 갈채를 이끌어낸다

온갖 재롱을 부리던 범고래
머리를 쓰다듬어주던 조련사를
별안간 낚아채
입에 문 채 수조 안을 헤엄친다
이내 물속 널리 퍼지는 붉은 피

미국 테마파크 시 월드에서
생생한 돌발 쇼를 본다

사랑의 바로미터

문턱이 다 닳는다

열 마리 새끼를 기르기 위해
아침부터 저녁까지 들락날락

박새 암수가
부리로 가져오는 벌레는
하루 약 500마리

아침 6시부터 저녁 8시까지
연간 125만 번 들락거리니
그 집 문턱 닳을 수밖에

절차탁마(切磋琢磨)

이번에는 반드시
궤도진입에 성공할 태세
박사들이 오만 가지 부품을 점검하면서
집요하게 시도하는 로켓 발사

서울시 중구 청구로 321번지
전신주를 칭칭 감아 정수리까지
초록으로 뒤덮은 진보랏빛 나팔꽃이
터질 듯 충전시킨 태양에너지로
카운트다운!

씨방에서 씨를 높이 쏘아 올린다

집중

한겨울 옐로우스톤 국립공원
눈부시게 새하얀 눈밭에서
코요테가 날렵한 점프로 사냥을 한다

에이햅 선장이
모비 딕에 내리꽂는 작살처럼

포물선을 그리며
4미터 높이까지 솟구쳤다가
단숨에 내리꽂아 사냥하는
저 집중

코요테는 온몸이 작살이다

영생

병아리들 알에서 깨어나자
형제끼리 먹이를 겨루고 있다

둥지에 그득한 경쟁자들
밀치락달치락
난리법석 북새판을
기어이 이겨내려고

한눈팔 겨를 없이
먹이를 끊임없이 물어다 주는
어미 아비처럼 살려고

불사조

가을바람 타고 있다

탱탱한 홀씨 새하얀 망사 베일 쓰고
하늘하늘 새처럼 날고 있다

벌개미취 홀씨는 불사조
심술궂은 동장군 들이닥칠 그 이전에
멀리 더욱 멀리 날아라

겨울 이겨내고
보랏빛 아름다운 꽃을 피우려면
더 멀리 훨훨
날아라

분업

날카로운 눈빛 번뜩이며
목숨 걸어 먹이를 사냥해오는 아비

동그랗게 벌리는 아기 입에
자잘하게 찢은 먹이
고루 나누어주는 어미

소리 없는 대화로
제가끔 육아에 전념하는
황조롱이

이인삼각(二人三脚)
암수의 분업이 있다

제3부

비로소 들리는

단음으로 울리는 단순한 소리
크지도 작지도 빠르지도 느리지도 않게
다소곳이 치고 있는 북소리

영화음악 〈라라의 테마〉를 듣다가
젊은 연인
오마 샤리프와 줄리 크리스티 모습을 떠올리다가

메인 멜로디 그 등 뒤에서 제때 제때
은은한 여운으로 음악을 완성시키는
타악기 소리가 있다

눈 감고 귀 기울여 비로소 들리는 소리가 있다

황금 레시피

새콤한 식초 달콤한 설탕
짭짤한 소금 칼칼한 고추냉이

저마다 맛을 지닌 재료들이
알맞은 양으로 어울리면
입맛 돋아주는 요리가 됩니다

백인백색
각기 다른 소망과 취향을 갖는
새콤달콤 짭짤하고 칼칼한
개성들이 어울려
희한하게 즐겁고 살맛이 나는
세상을 만듭니다

급전(急轉)

길을 잃었다 집을 잃었다

서울시 중구 청구로1길 23,
109동 1803호 (신당동, 삼성아파트)
있어야 할 그 자리, 20년간 들락날락
익숙한 내 거처가 낯선 상가로 바뀌었다

가도 가도
낯선 거리 낯선 사람들

하늘 나는 새들 둥지를 찾고
사람들 총총히 귀가를 서두는데
뉘엿뉘엿 지는 해를 등지며
기나긴 그림자를 밟고 우두커니 서 있다가

퍼뜩 깨어보니 꿈이었다

Delete, Delete

PC에서
제 역할 마친 문서들은
Delete, Delete

전화번호부에서 카톡에서
친구와 이웃, 먼 친척들
가물가물하면서 소원해진 이름들
Delete, Delete

티비, 티비 받침, 장식장 의자……
실속 없이 먼지 앉는 세간들과

마음속 오욕(五慾) 중
호랑지심(虎狼之心)
견물생심(見物生心)
축록자불견산(逐鹿者不見山)……

여분의 항목들은

모두 모두

Delete, Delete

게이트 맨*

외출에서 돌아와
암호 숫자 입력에
응답이 없는 게이트 맨
감감무소식 게이트 맨

새 배터리로 배를 채우자
퍼뜩 깨어나
비로소 반응하는 게이트 맨

금강산도 식후경
배고프면 세상만사 다 싫다
다 귀찮다 널브러지는

나와 똑같은 로봇
게이트 맨

---

* 게이트 맨: 현관 개폐기의 상표.

대소(對照)

광복 후 1년쯤 지났을까
여중 1학년 교실은 한창 국어 수업 중

"가시리 가시리잇고 나난 바리고 가시리잇고
나난 위 증즐가 태평성대"

선생님 따라
낭랑한 목소리로
고려가요를 외고 있는데

학교 울 밖에서는
"신탁통치 찬성! 신탁통치 찬성!"

찬탁하는 선배와 벗들이
수업을 팽개치고
격앙한 어른들 뒤를 따라
깃발 높이 들고 행진을 한다

총잡이

드넓은 아프리카
세렝게티 초원의 총잡이처럼

나는 거실에서
리모컨 전파를 쏜다

수백 수천 가지 희한한 영상과 소리
무한정 무작정 우수수 쏟아내려 발버둥치는
야차 같은 티비 끈질긴 유혹을
단 한방으로 잠재운다

집에
티비를 아예 두지 않는 H씨가 있다

인디언식 주문(呪文)

"내일 날씨 좋도록 해 주거라
내일 날씨 좋도록 해 주거라"

솜뭉치를 하얀 천으로 감싸
목에는 실로 칭칭 감아
눈 코 입을 그려 넣었던 인형

일만 번 외우면
소원대로 이루어지리라 믿는 아메리칸 인디언
그 염력(念力)
바위마저 뚫는다 했지

내일은 학교에서 즐겁게 소풍 가는 날
헝겊인형 처마에 매달아 쳐다보면서
기도하듯 주문 외듯
곡조에 맞추어 노래 불렀지

퐁데자르 다리에서

언제까지나 함께하기를
다이아몬드처럼 변치 않기를

손가락 걸기로는 미진해
큐피드의 화살 꽂힌 연인들
끓어 넘치는 열정의 상징
열쇠로 꼭꼭 잠근 주물 자물쇠

세상에서 모여든 오만 가지
첩첩이 걸어놓은 맹세들의 무게를
견디고 견디다
철제 난간 허물어지고 말았다지요

프랑스 파리 센강의 퐁데자르 다리
멀쩡했던 난간이 무너져 내렸다지요

누명

탕! 탕!
거위 소탕 작전이다

미국 야생동물관리국 직원들은
거위들을 보는 족족 처분했다
거위 알 1739개 수거
2만여 마리가 1235마리로 줄어들었다

여객기 엔진에 부딪는
거위들에 가하는 대대적 소탕

세상에는
그저 제 갈 길 가는 것도
죄가 되는 법이 있다

오불관언(吾不關焉)

무인도에는
저어새 가족이 살고 있다

크고 새까만 부리에
보송보송 새하얀 솜털이 돋아나는
벌거숭이 아기 새가
주둥이 끼워 넣고 있다
서로 받아먹으려 기를 쓴다

군함도 고기잡이배도
얼씬하지 못하는 일촉즉발
서해 북방한계선 인근
무인도에는
130여 쌍 저어새 가족들이
둥지 틀고 평화로이 살고 있다

세상에 참 평화 없어라*

미국 시카고의 필드 자연사박물관의
수(Sue)라는 이름의 티라노사우루스 화석

중생대 그 어느 날 산 채로 묻혔다가
전시실에 앞발 들고 위용을 뽐내고 있다

강력한 턱
15센티미터 긴 이빨로 무장한 그가 보인다
4미터에 이르는 보폭으로 쩌렁쩌렁 포효하며
쿵쿵 지축 울려 활개 치던 그

앙상한 뼈대 천장을 바라보는 휑한 동공으로
21세기에 나를 만났다

---

*바로크시대 비발디 작곡.

아름다운 시위(示威)

아파트 입구 양지바른 울타리

초봄에는 개나리
늦은 봄엔 줄장미
여름에는 나팔꽃이 핀다
계절 따라 번갈아
아름답게 꽃 피우며
지나는 이 눈을 즐겁게 한다

알자스 로레인, 센카쿠,
티베트, 잠무 카슈미르……

피 튀겨 싸우는 사람들 향해
보라는 듯이

옥터콥터

눈부시게 발전하는 스마트 문명

무인기 드론에게 새 임무가 주어진다
새로운 차원의 배달 서비스

대형 온라인 쇼핑몰 아마존은
무인기를 띄워 꾸러미를 보낸다 한다

여덟 날개 옥터콥터가
30분 안에 놓고 간다고 한다

문명의 칼바람이 연이어 인다
수많은 사람 실직으로 몰아내는 문명의 이기

희망나무 고아원

꽃가루 날린다는 플라타너스와 버즘나무
신작로가 뚫려 내쳐진 소나무들과
도로 확장으로 쫓겨난 수양버들

꺾이고 잘려
허옇게 겉껍질 벗겨져 실려 온 나무들이
마주 보며 오순도순 살고 있다

슬픔과 외로움 떨쳐내고
1만5000여 그루의 나무가족이
새와 짐승 그리고 사람들에게
사랑받는 나무들로 거듭나고 있다

경기도 하남시 망월동
나무 고아원에서는
버려진 돌멩이도 어엿한 보석으로 빛나고 있다

순장묘에서

40여 명이 묻힌 대형 고분에는
여덟 살 아이를 안고 있는 어른도 있다

권력자가 죽었을 때
멀쩡히 살아있는 목숨까지도
빼앗아 묻어놓았다

저승에서 더 편하고 행복하게 살겠다는
이기(利己)에 희생되어
비명횡사한 사람들의 유골이 있다

경북 고령군
지산동(池山洞) 44호
대가야시대의 순장묘(殉葬墓)에는
원한에 사무친 혼백들 맴돌고 있다

바오바브나무

마다가스카르는
세계에서 네 번째 큰 섬나라

아름다운 해변도시에
줄서 있는 옹기항아리들

19세기 우리나라
천주학도들이 깊은 산골에 숨어서 빚어
이 마을 저 마을 찾아다니며
팔아서 살았던
커다랗고 길쭉한 옹기항아리

나란히 줄지어 하늘을 이고 선 채
푸른 잎가지 깔때기 삼아
생명수 가득 가득 채우고 있다

하느님께서 뿌려주시는
물 마시고 있다

제4부

새싹들

아기의 연분홍 잇몸에
뾰족뾰족 솟아나는 젖니 같다

밤낮없이
질끈 눈감고, 두 손 꼭 쥐고
이마엔 땀이 송골송골
온힘 오므린 입술에 모아
젖을 삼키고 있는 아기 같다

머잖아
알아볼 수 없을 만큼
진초록 거목으로 폭발할 태세

옥토에서 오글오글 돋아나는
연노랑 저 새싹들

중천금(重千金)

"점심 식사는 드셨어요?
더 자주 연락 못 드리고
찾아뵙지 못해서 늘 죄송한 마음인데
지난번 제 마음 다 아신다고 해주셔서
그래, 내 마음 다 아실 거야!
이렇게 생각하다가도, 그래도
할머니 만나고 나면 또 죄송하고.
그런 마음이 드네요"

살아가다가
몸이 멀어질 때면 마음마저 멀어질까
안타까운 조바심이 가상(嘉尙)할 때
"걱정 말거라
네 마음 다 알고 있으니"라는
오래오래 위안을 줄 수 있는 말
기도와 사랑, 축복, 배려……
담뿍 담은 말,
중천금이네

쥐도 새도 모른다

세상에서
가장 염치없는 도둑,

후미진 구석에 숨어 있다가
귀신처럼 그림자처럼 나타나
벽돌 문짝 기둥 서까래……
손이 닿는 대로
뜯어 훔쳐가는 도둑이 있다

쥐도 새도 모른다
괴도 루팡식 정교하고 은밀한 솜씨에
바람 든 무처럼 구멍이 숭숭
가랑비에 옷 젖듯
나의 골밀도(骨密度) 숫자는 나날이 줄어

언제부턴가 내 몸속에
도둑이 머물고 있다

5월 보름에

동남쪽 하늘

군청빛 밤하늘엔
눈부시게 아름다운
황금빛 쟁반

당신에게 보이려고
초점을 맞추어
찍고 또 찍는다

유별나고
희한한 거 보일 때마다
“여보 여보 빨리 와봐!”
의례히 소리쳐 공유해왔던
그때 그날로
되돌리고 싶어서

아버지를 닮았다

신문지에 싸놓았던 감자
풀어 보니 새순이 돋아 있다

오목한 눈자리마다
연둣빛 싱싱한 줄기가
키를 죽죽 늘이고 있다

감자 한 알이 옥전(沃田)이라도 되는 양
꽂은 빨대로 질끈 눈감고
막무가내 등골을 빨아대는
왕성한 식욕

윤기 반지르르
흰 속살이 탱탱하던 감자가
어느새 찌그러져 주름투성이

어머니 전(傳)

더워라 더워라 하면
너만 덥냐
추워라 추워라 하면
너만 춥냐

앞뒤 생각 없이
함부로 쏟아낸 나의 수다를
담담한 목소리로 짤막하게 나무라던
나의 어머니

마을에서 첫째로 무서웠다는 외할아버지의
장녀로 태어나 열여덟에
열아홉 아버지의 아내가 되었던 나의 어머니

밝으면서도 말수가 적었던 무학의 어머니는
욕심쟁이 떼쟁이 둘째 거동이
은근히 마땅찮고 걱정되었나보다

그 자리에선 눈 흘기며 입을 삐죽 내밀었지만
왜 그런지 끝내 잊히지 않는
어렸던 그날의 선명한 한 컷

그래서 내 말수가 조금은 줄었을까
그래서 세상이 조금은 잠잠했을까

격세유전(隔世遺傳)

거울을 보면
야윈 볼, 주름진 얼굴

입혀주고 업어주고
달래주고 먹여주고

밤길에서
빗자루도깨비 만나
길동무한 얘기 또 해줘 또 해줘
응석을 부리면 그래 그래
되풀이 들려주신 할머니 얼굴

내가 두드러기로 괴로워할 때
주문(呪文) 외워 낫게 해주신 할머니 얼굴

이목구비가
나와 똑같은 할머니 얼굴

각자도생

국립공원 속리산
600여 년 수령의 정이품송께서
네 아드님을 분가시킨다

"그대들이 살아가려면 거리를 두라.
자유로운 바람이 그대들 사이에서 춤을 추도록"*

살기 위해
각자의 자리로 뿔뿔이 흩어진다

*칼릴 지브란.

9월의 잔상(殘像)

목포역 앞 넓고 반듯한 길거리
고추잠자리가 떼 지어 맴돌고 있지

꽃무늬 포플린 원피스
단발머리가 잠자리채 들고
이 골목 저 골목 숨 가쁘게 누비고 있지

초가을 유달산에서 불어오는
시원하고 맑은 바람 맞으며
목이 터져라 잠자리를 부르는 소리

투명한 네 날개로 숨바꼭질
잠자리채 피해 용케 삼학도로 달아난
날씬하고 날쌔던 고추잠자리

지금도 그 거리에
그때처럼 맴돌고 있을까

밥

김이 모락모락 피어오르고
반들반들 윤이 나는 새하얀 쌀밥이
그릇에 수북이 담기고 있네

그 옛날
이마에 송골송골 땀방울 맺히도록
맛있게 먹던 흰쌀 고봉밥
씹기도 전에 봄눈처럼 슬슬 녹던
수백 그릇 흰쌀 고봉밥

새하얀 쌀밥을 산모가 먹으면 어느새
아기의 밥, 유제품(乳製品) 되네

기실 엄마는
무공해 유제품 공장이라네

언니

유치원에서
간식 아꼈다가 갖다 주었지

비 오는 등굣길
물이 새는 내 장화와
바꿔 신겨 주었지

저기와 여기
인형놀이 소꿉장난에 취하며 놀았다가
자라서는 티격태격 싸우기도 했지

모진 병에 시달리면서
—그래도 내가 아파 그나마 다행이야
맑고 고요한 눈매로
고통을 참아내던

두 살 터울 나의 언니

꿈의 보고서

한 줄기에 한 송이 민들레
한 꽃술에 맺힌 솜털 홀씨들

바람에 이리저리 흩어져 가듯

한 뿌리에 나고 자란 남매들
한 교실에서 정든 친구들

이승에 또는 저승에
여기저기 흩어져 있다

나도 있다

수요일은
아파트 재활용품 나누는 날

종이 유리 플라스틱
옷 금속 비닐 스틸로폴

크고 작고
출생과 생김, 개성은 다르지만
길게 또는 짧게
머물러온 기간도 다 다르지만

각각의 사연으로 집에 들어와
주연 혹은 조연,
나름의 역(役) 맡겨졌다

금녕김씨 중조(中祖)
김시흥(金時興) 어르신의 25세손(世孫)
김형수(金炯洙) 어르신

외며느리로 집에 들어와
주어진 역 맡아온

장택(長澤)고씨
나, 고정애도 있다

청구역에서

스크린 도어 유리에
어렴풋이 떠 있는 사람이 있다

어디에선가 낯익은 사람
내 아버지 같기도
내 어머니 같기도 한 얼굴
나를 물끄러미 건너다보고 있다

손 흔들자 손 흔들고
돌아서면 함께 돌아선다
180도 빙그르르 돌아 앞으로 다가가니
온전히 한 몸이구나

그래서 늘 함께 지내고 있다

물망초

예전에
연엽이란 이름의 아리따운 새댁 있어

떡두꺼비 같은 아들 낳아
오순도순 살았는데
어느 날 남편이
훌쩍 집을 떠나 행방이 묘연했다

제자리에 붙박인 채
아들을 키우며 기다리고 기다렸다
덧없이 흐르는 세월의 강물에
빈 하늘만 우러르다 어느덧
반짝이던 검은 머리 하얗게 센 그녀

—날 잊지 말아요
천번만번 외우며 기다렸겠지

관부연락선(關釜連絡船)

나의 고향은 현해탄이다
현해탄을 건너는 연락선이다
연락선상 널따란 삼등객실이다

부산 부두 떠나 시모노세키로
헤치고 나아가야 할 어두운 바다의 항로

검은 무명치마 흰 저고리 차림
스물일곱 젊디젊은 어머니
등에 업혀 칭얼거리던 연락선상
다다미가 깔려 있는 널따란 삼등객실이다

멀미 나게 거친 파도
넘실넘실 굽이치는 검푸른 바다
동으로 동으로 내닫던

나의 고향은
관부연락선 삼등객실이다

벽장에 대하여

1950년 한국전쟁으로 한반도 서남쪽 끝까지 인민군이 물밀듯 치고 들어와 점령하고 있던 때였다 목포역 미창(米倉)을 표적 삼아 미군 비행기가 맹렬하게 폭격하는데 가까운 인가까지 싸잡아 마구 퍼붓다 바로 길 건너 앞집까지 굉음을 내며 폭탄이 펑 터졌다 우리는 이불이 쌓인 벽장에 덩이로 뭉쳐 귀를 막고 두려움에 떨고 있었다 설마하다 피난을 가지 못한 아버지 어머니 그리고 나. 정신을 똑바로 차려야 한다 어머니는 열여섯 딸 귀에 소곤거리는 것밖에 어떤 일도 할 수 없었다 생각할수록 아슬아슬 긴박한 상황임에 틀림없지만 그때 살아남아 나날이 진화하는 최첨단 무기 장착 시대에 이르고 보니 지진이라면 또 몰라 애들 숨바꼭질도 아니고 위급한 폭격에 벽장이 은신처가 되었다는 건 아주아주 옛날 옛적 전설 속 코미디에 진배없구나.

만시지탄(晩時之歎)

윤씨 정씨 박씨 한씨에게
안부 묻고 반겨주는 글을 보낸다

한글과 영어 대문자 소문자
기호와 숫자 아모티콘 고루 섞어
자유롭게 구사하면서 글을 보내며

ㄱ ㄴ ㄷ ㄹ
ㅏ ㅑ ㅓ ㅕ

그리도 쉬운 글 가르쳐 드리지 못해
끝내 문맹이었던
1907년생 어머니 생각을 한다

해설

통속(通俗)과 전율(戰慄)의 미시사(微視史)

백인덕 시인

1.

사실(real)은 언제, 어떻게 사건(event)이 되는가. 내가 관여(關與)하든 할 수 없든 우주는 온갖 일(work)들로 채워진다. 지금 이 순간에도 우리가 셈할 수 있는 능력의 한계치를 벗어난 일들이 아무렇지도 않게 발생하고 지속하거나 소멸한다. 문자 그대로 특별함은 보편성에 함몰하고, 차원을 논하기 이전에 '무(naught)'로 회귀하려는 성향만 강화된다. '사건'은 의미를 부여 받는 순간, 끝없이 펼쳐진 모래밭 같은 '사실'의 무더기 위에서 반짝이거나 솟구쳐 오른다.

만약 당신이 산중턱까지 안개가 가득한 창을 내다보고만 있다면 이 겨울은 얼마나 무감각하고 무의미할 것인가. 이 무의미를 지우고 그 흔적 위에 존재의 음영(陰影)을 다시 새겨 넣는 것이야말로 시인의 사명이다. 시인의 호명(呼名)이 존재 일반으로 향하는 이유이기도 하다. 그렇다면 시시각각 무화하는 운명에 맞서 언어를 조직하는 이 힘의 근원은 어디인가. 무엇으로부터 끈질긴 생의(生意)가 늘 솟구치는가?

고정애 시인은 앞의 질문에 대해 지극히 명쾌한 대답을 가슴에 품은 채, 그 변주를 통해 우리가 일상에서 그냥 지나치는 숱한 사실들을 일종의 존재적 사건으로 통렬하게 바꿔놓고 있다. 이를 통해 생의를 고양(高揚)하는 것은 물론 매 순간 생의 비의(秘意)까지 포착하고 있다.

3초 2초 1초
곧장 레이스로 나아간다

총 길이 약 9만 킬로미터
달까지 거리의 4분의 1 거리를
1분에 세 번, 서로가 뒤질세라
굽이굽이 빈틈없이 내달리는

핏줄 속 피톨이다

살고 있는 한

하루 4320회, 연 157만 6800회
우주여행 순환선을 끊임없이
빙글빙글 돌아야 하는
붉은피톨 흰피톨

날마다 기적이다

—「날마다 기적」 전문

어렴풋했던 것이 명확해지는 순간 받는 충격은 곧잘 '공포와 경이'라는 감정적 대응 양태(樣態)로 나뉘곤 한다. 공포는 외면이나 격하(格下) 또는 '다 그래'와 같은 섣부른 일반화를 통해 통속화된 삶, 또는 존재를 무의미하게 지속하는 방향으로 흐르고 만다. 반면 경이감은 인지적 자각을 불러일으키고 더러는 이에 대한 탐구 및 성찰로 이어져 소위 존재의 전율이라고 할 만한 계기를 형성하기도 한다.

인용 작품이 우리 몸 안의 혈액 순환을 대상으로 했다는 것쯤은 한눈에 알아볼 수 있다. 하지만 '폐순환과 체순환'이나 '동맥과 정맥' 혹은 '산소와 영양분을 공급하고 콜레스테롤과 노폐물을 수거하는 기능' 등의 과학 정의를 보여주고자 하지는 않는다. 대신 "총 길이 약 9만 킬로미터/달까지 거리의 4분의 1 거리를/1분에 세 번"처럼 익숙하지 않은 통계적 사실로 대체한다. 물론 "3초 2초 1초/곧장 레이스로 나아"가는 것이

"핏줄 속 피톨"들임을 명시함으로써 우리의 '의식이나 의지'에 앞서 발생하는 생명의 신비를 기록한다. 또한 이 이 "우주 여행 순환선"이 "살고 있는 한/하루 4320회, 연 157만 6800회" 나 거듭되어야 함을 밝힘으로써 그 규모가 어쩌면 상식선의 상상을 훨씬 넘어선다는 것을 강조한다.

짧은 작품임에도 불구하고 인용 작품은 앞에 언급한 것처럼 숱한 '사실'들을 담아내고 있다. 이를 확장해서 최소한 인류 전체의 수를 곱한다면 수학 이론서에나 등장할 법한 결과가 나올 것이다. 하지만 이 규모 자체가 결코 '사건'이라고 할 수는 없다. 유의미한 사건이 되기 위해서는 시인이 이 모든 사실을 비유로 만든 이유가 개입해야 하는데, 그것이 바로 "날마다 기적"이라는 시인의 관점이다. 평범한 사실에서 드러난 경이를 기적으로 바라봄으로써 온 우주를 메우고 있는 통속적인 사실 중 하나를 존재의 사건으로 들어올린다. 단순히 그렇게 바라보기만 하는 것이 아니라 하나의 관점, 즉 '기적'의 시각에서 자기와 타자와 세계와 우주, 우리가 현실이라고 부르는 시공간의 맺힘과 풀림을 모두 포획해낸다.

지나치게 도식화 한다거나 비약이라는 지적의 위험에도 불구하고 이번 시집을 읽는 방법으로 삶의 통속적 힘과 존재적 전율의 길항을 중심에 놓기로 했다. 시인의 시각 자체가 미시적인 양태의 포착에 능숙하기에 명확한 분류 기준만 제시하면 그대로 하나의 독법(讀法)이 될 것이 사뭇 자명해 보였기 때문이다.

2.

프랑스 소설가 베르나노스의 작품, 「어느 시골 신부의 일기」에는 "어쩌랴! 남들은 우리들 자신인 것을"이라는 탄식이 나온다. 작품 전체의 주제를 함축한 상징인지는 미지수지만 현대적 삶의 이중성을 묘파(描破)했다는 세간의 평가에 의거하면 최소한 '통속적'이라는 수식어의 의미를 제대로 짚어낸 것임에는 틀림없다. 즉 남이 어땠다는 추문이나 모두가 다 그렇다는 식의 체념이 통속적인 것이 아니라 그 안에서 같은 방식으로 삶과 사물을 보고 대하는 것이 바로 그 순간 통속성을 형성한다.

루벤스의 그림
〈유아 대학살〉을 본다

여기저기 흩어져 널브러진 아기들
새파란 낯빛으로 울부짖는 어미들

기원전 4세기 유태의 왕 헤롯의 유아 대학살을
정밀 묘사한 지옥도,

옛 왕조시대 삼족을 멸했던 참상을 떠올리다가

질경이, 망초, 달맞이꽃, 바랭이, 강아지풀, 여뀌, 냉이
모조리 잡초라는 죄목을 씌워 여지없이
호미로 꼬챙이로 뿌리까지 뽑아내는
손을 본다

—「발본색원(拔本塞源)」 전문

시인은 바로크의 거장인 플랑드르의 화가 루벤스의 〈유아대학살〉을 보고 곧바로 "기원전 4세기 유태의 왕 헤롯의 유아대학살을/정밀 묘사한 지옥도"임을 알아차린다. 물론 "새파란 낯빛으로 울부짖는 어미들"에게 시선이 머물기도 하지만, "삼족을 멸했던 참상"의 역사 지식을 건너 오늘의 시선은 "질경이, 망초, 달맞이꽃, 바랭이, 강아지풀, 여뀌, 냉이/모조리 잡초라는 죄목을 씌워 여지없이/호미로 꼬챙이로 뿌리까지 뽑아내는/손"에 오래 머문다. "손을 본다" 했으니 최소한 지금 이 순간의 시인의 손은 아닐 것이다. 하지만 어느 날 어떤 텃밭에서는 가능했을지 모를 일이다.

인용 작품은 군더더기 없이 짧고 정갈하지만, '그림(유아대학살) → 역사(참상) → 현상(잡초)'을 '발본색원'이라는 제목의 의미로 관통하는 시각은 날카롭다. 이는 주로 사자성어가 제목인 다른 작품들, 「절차탁마(切磋琢磨)」, 「오불관언(吾不關

焉)」, 「만시지탄(晩時之歎)」 등과 「손자병법」, 「각자도생」 등에서도 발견할 수 있는 한결같은 특징이다. 작품의 주제와는 별개로 주목할 만한 창작기법인데, 대체로 이런 수법은 시인의 직접 발화나 시적 화자의 적극적 개입 없이 작품을 그저 보여줌으로써 어떤 사태나 의미를 환기하고자 할 때 주로 사용한다.

중미 파나마 열대림에서
나무 잎사귀를 마름질한다

이와 턱 사이 날로
동그스름 크기와 모양이
판에 박은 듯 가지런히
마름질한 자재를 나르는 잎꾼개미

날이 다 닳도록
일사불란(一絲不亂)
주어진 일에 몸을 바친다

그곳에는 사(私)가 끼어들 자리가 없다

—「일사불란」 전문

이번에는 반드시
궤도진입에 성공할 태세
박사들이 오만 가지 부품을 점검하면서
집요하게 시도하는 로켓 발사

서울시 중구 청구로 321번지
전신주를 칭칭 감아 정수리까지
초록으로 뒤덮은 진보랏빛 나팔꽃이
터질 듯 충전시킨 태양에너지로
카운트다운!

씨방에서 씨를 높이 쏘아 올린다

—「절차탁마」 전문

인용한 두 작품에서 혹자는 자연의 신비나 위대함을 읽겠지만, 필자는 시각을 바꿔 우리가 내세우는 것들에 불가피하게 내재한 허위와 과장이 읽힌다. 실제 '중미 파나마 열대림'의 고유종인 일명 '농사개미(잎꾼개미)'는 "날이 다 닳도록/일사불란(一絲不亂)/주어진 일에 몸을 바친다". 그 개미종의 각 개체가 자의식이 있니 없니 하는 것과 그들이 인류보다 수백 내지 수천 배 앞서 농사를 짓기 시작했으니 하는 사실은 이 작품의 핵심 주제가 아니다. 역시 핵심은 "사(私)가 끼어들

자리"인데 인간은 정치나 사회, 문화 영역을 특정하지 않고도 '사적 자리', 또는 '사익(私益)'을 공공연하게 내세우거나 암묵적으로 인정한다. 바로 이런 토양의 사실들이 통속적으로 자라나게 한다는 것이 시인의 지적일 것이다. 마찬가지로 '나팔꽃'은 "터질 듯 충전시킨 태양에너지"로 "씨방에서 씨를 높이 쏘아 올린다" 그러나 우리는 온갖 "박사들이 오만 가지 부품을 점검하면서/집요하게 시도하"지만 모든 '로켓발사'가 다 성공적인 것은 아니다. 여기서도 대기권 탈출이 어떠니, 로켓의 크기와 중량을 나팔꽃 씨와 비교하는 것 따위는 어떤 의미도 부여할 수 없다. 만약 사용된 자원과 인력과 시간을 비교한다면 효율성 면에서 아직도 인류의 로켓발사는 씨방에서 씨를 쏘아 올리는 나팔꽃을 넘어섰다고 단언하기 어렵다. 자기를 과장하고 과도하게 의미를 부여하는 것이 바로 통속성의 진면목이다.

고정애 시인이 문명비판 시를 겨냥했다고 보기는 어려울 것 같다. 시인은 자의식 때문에 작고 하찮아 보이는 것들에 일반보다는 좀 더 세심한 주의를 기울일 뿐, 현실과 자신을 분리하거나 우열관계로 놓고 사유하지 않기 때문이다. 시인은 「세뇌(洗腦)」에서 "귀에 쟁쟁하다/상기도 또렷이 들리는 노랫말"이라는 힘겨운 진술을 한다. 더불어 그 세뇌가 "기나긴 세월 훌쩍 뛰어 건넌 오늘까지/입가에 빙빙 맴돌게 하는/일제(日帝) 군부(軍部)의 끈질긴 세뇌가/오늘도 이어지고 있"는 현실을 안타까워함으로써 이를 반증한다.

3.

주지의 사실이지만, 인간 정신의 흡수력과 파지력(把持力)은 사실 정보의 옳고 그름이나 가치의 유무와는 별개로 정보 자체에 같은 방식으로 작용한다. 세뇌가 있었다면 올바른 의미의 훈육(訓育)도 정신에 남는다.

더워라 더워라 하면
너만 덥냐
추워라 추워라 하면
너만 춥냐

앞뒤 생각 없이
함부로 쏟아낸 나의 수다를
담담한 목소리로 짤막하게 나무라던
나의 어머니

마을에서 첫째로 무서웠다는 외할아버지의
장녀로 태어나 열여덟에
열아홉 아버지의 아내가 되었던 나의 어머니

밝으면서도 말수가 적었던 무학의 어머니는
욕심쟁이 떼쟁이 둘째 거동이
은근히 마땅찮고 걱정되었나보다

그 자리에선 눈 흘기며 입을 삐죽 내밀었지만
왜 그런지 끝내 잊히지 않는
어렸던 그날의 선명한 한 컷

그래서 내 말수가 조금은 줄었을까
그래서 세상이 조금은 잠잠했을까

—「어머니 전(傳)」 전문

정보의 흡수력과 파지력이라는 측면에서 가장 강조되는 시기가 바로 유년기이다. 이때는 소위 감성(정서)에 관련한 정보가 가장 영향력이 크고, 점차 성장하면서 말 그대로 지식과 이해, 분석과 관련한 정보가 차츰 중요한 항목이 된다. 시인은 "앞뒤 생각 없이/함부로 쏟아낸 나의 수다를/담담한 목소리로 짤막하게 나무라던/나의 어머니"를 지극히 '선명한 한 컷'으로 기억한다. 작품 마지막에 "그래서 내 말수가 조금은 줄었을까/그래서 세상이 조금은 잠잠했을까"라는 투정 아닌 것 같은 투정에 미뤄보면 섭섭한 감정이었겠지만, 어쨌든 그 훈육의 내용은 세상에서 내가 독불장군일 수 없음을 깊이 각인했다고 보인다. 이는 시인이 비록 「시대의 유물」이라 치부하면서도 "고달픈 시집살이/박달나무 방망이 한 쌍과/다듬잇돌, 홍두깨를 갖고 있다"고 거리낌 없이 밝히는 것을 통해서도 드러난다.

고정애 시인은 결코 자신의 통속적인 면을 간과하지 않는다. 앞에서 인용한 「발본색원」에서는 "질경이, 망초, 달맞이꽃, 바랭이, 강아지풀, 여뀌, 냉이/모조리 잡초라는 죄목"을 붙인 입과 그를 뽑아낸 손을 명시(明示)하지 않지만, 「해결사」에서는 "습도 88%, 매우 습한 이 장마에/기척 없이 스며드는 습기 악취 곰팡이 벌레/제로가 될 때까지 빌붙지 못하게/모조리 훑고 찾아내어 가둬 달라고/나도 옷장 신발장에 흡습제를 놓"는다고 분명하게 밝히기 때문이다. 사실 시인의 생활도 자연을 통제하거나 이용할 때 흔히 쓰는 수법인 '회유법'처럼 "문을 쾅 닫고 들어가/기척이 없는 아이"는 "모르는 척 그냥 내버려 두"(「회유법(懷柔法)」)는 방식으로 이루어졌던 것일 뿐이다. 따라서 어떤 것이 통속적 자질(資質)이고 어떤 사실들이 존재를 전율케 하는가는 명확하게 구분할 수 없다. 시인은 「제 목숨 다하도록」에서 "주저앉은 나에게 이 보라는 듯"이 '영하의 한겨울'에 수직수평으로 날고 있는 파리를 본다. '한겨울'이란 계절은 한해살이인 파리의 생명이 이미 끝나야 했거나 곧 끝날 거라는 사실을 차분하게 환기한다. 그럼에도 불구하고 지금 눈앞의 파리는 씽씽 날아다닌다. 어쩌면 번지점프의

'급속하강'(「겁도 없이」)의 체험이거나 "한 뿌리에 나고 자란 남매들/한 교실에서 정든 친구들//이승에 또는 저승에/여기저기 흩어져 있다"(「꿈의 보고서」)는 일반적 인식보다 눈앞에서 귀찮게 날아다니는 파리 한 마리가 실제로 존재를 전율케 하는 것일지도 모른다.

시인은 이런 사실에 대한 이해를 이미 드러내고 있다. 이 글의 첫 인용 작품은 「날마다 기적」이지만 이 기적은 "내가 살아 움직일 수 있는 것"에 대한 자각과 이해를 도모하기 위한 '방편(方便)'이었음에 틀림없다.

물오리가 거센 물결에
우아한 자태로 떠 있는 것은
수면 아래 물갈퀴가
힘껏 물을 젓고 있기 때문

내가 살아 움직일 수 있는 것은
몸의 베이스캠프에서
불철주야 박동으로
긍정(肯定) 메시지를 송신하기 때문

쿵 쾅 쿵 쾅
활화산의 들끓는 마그마로

심장이 맥을 촉진하고 있기 때문

―「심장의 힘」 전문

시인의 심장은 "쿵 쾅 쿵 쾅" 쉼 없이 "하루 4320회, 연 157만 6800회"의 "붉은피톨 흰피톨"의 순환을 독려(督勵)하면서 '긍정의 메시지'를 송신한다. 이 '날마다 만나는 기적' 속에서 시인이 "스크린 도어 유리에/어렴풋이 떠 있는 사람"을 보고 "어디에선가 낯익은 사람/내 아버지 같기도/내 어머니 같기도 한 얼굴"(「청구역에서」)의 시선을 느끼며, '늘 함께 지내며' 기적 속에서 존재의 전율을 오래 기록하길 바라마지 않는다. 이 기록은 "그동안/그냥 살아오지 않았노라/실적을 보여주는/게발선인장"(「게발선인장」)을 닮았을지언정 "끊임없이 이목을 집중시키고, 경신에 목숨을 걸기도"(「기록」) 하는 그런 것이 결코 아니기에 말이다.

하여, 시인에게는 아래에 인용할 작품과 같은 경지에 이르게 된다. 이 놀라운 경지를 우리 제위 독자들에게 오래 들려주길 바란다.

단음으로 울리는 단순한 소리
크지도 작지도 빠르지도 느리지도 않게
다소곳이 치고 있는 북소리

영화음악 〈라라의 테마〉를 듣다가
젊은 연인
오마 샤리프와 줄리 크리스티 모습을 떠올리다가

메인 멜로디 그 등 뒤에서 제때 제때
은은한 여운으로 음악을 완성시키는
타악기 소리가 있다

눈 감고 귀 기울여 비로소 들리는 소리가 있다

—「비로소 들리는」 전문

이 도서의 국립중앙도서관 출판시도서목록(CIP)은 서지정보유통지원시스템 홈페이지(http://seoji.nl.go.kr)와 국가자료공동목록시스템(http://www.nl.go.kr/kolisnet)에서 이용하실 수 있습니다.(CIP제어번호: CIP2020000450)

문학의전당 시인선 0316

날마다 돌아보는 기적

초판 1쇄 인쇄 2020년 1월 10일
초판 1쇄 발행 2020년 1월 17일
지은이 고정애
펴낸이 고영
책임편집 서윤후
디자인 헤이존
펴낸곳 문학의전당
출판등록 제2017-000002호
주소 서울시 마포구 마포대로 11길 91, 3층
전화 02-852-1977 팩스 02-852-1978
전자우편 sbpoem@naver.com

ISBN 979-11-5896-450-4 03810